JN440746

내 안의 섬

이 도서의 국립중앙도서관 출판예정도서목록(CIP)은 서지정보유통지원시스템 홈페이지(http://seoji.nl.go.kr)와 국가자료공동목록시스템(http://www.nl.go.kr/kolisnet)에서 이용하실 수 있습니다. (CIP제어번호 : 2017025879)

내 안의 섬

초판 1쇄 발행 2017년 10월 23일

지은이 서하영 **펴낸이** 임정일
책임 임병천 **편집** 김지해 **디자인** 이동헌

펴낸곳 책나무출판사
출판신고 2004년 4월 22일(제318-00034)

주소 서울시 영등포구 신길3동 325-70 3F
전화 02-338-1228 **팩스** 0505-866-8254
홈페이지 www.booktree.info

ISBN 978-89-6339-555-5 03810

서하영 지음

책나무

|시인의 말|

2007년 첫 시집을 내고 벌써 10년이라는 세월이 흘렀다. 첫 시집 《내 마음의 뜨락》은 어린 시절의 힘들었던 기억으로부터 나를 벗어나게 하였고 조금은 성숙한 모습으로 나 자신을 변화시켰으며, 시詩를 쓰면서 내 영혼도 많이 자유로워졌다. 그때 내가 그 시들 속에 나의 속내를 다 드러내고도 창피하다는 생각을 못했던 것은 그것들을 글로 표현하지 않고서는 죽을 정도로 힘든 시기였기 때문이다. 생각해 보면 내 속의 모든 아픔과 그리움을 첫 시집에 다 토해낸 것 같다.

이제 두 번째 시집을 내면서 솔직히 나는 두렵다. 첫 시집에서보다는 좀 더 나은 시를 써보고 싶었지만, 결과적으로는 그러하지 못한 것 같아서이다. 밤을 새우며 시를 쓰고 행복해하며 또 수없이 울기도 했던 첫 시집과는 달리, 이번에는 조금

편안한 마음으로 시를 쓰고 준비했던 것 같다. 그래서일까? 누군가에게 내 시를 보인다는 것이 쑥스럽고 조금은 두려운 생각도 든다. 그렇지만 그러한 여러 생각 끝에 내가 다시 두 번째 시집을 내게 된 것은, 나를 드러내는 것이 부끄럽다는 이유로 글 쓰는 것을 소홀히 하게 된다면 나는 영원히 시를 쓰지 못할 것 같기 때문이기도 하다.

누군가 내게 시를 왜 쓰냐고 물은 적이 있었다. 그때 나는 "시를 쓰는 것이 행복해서"라고 말했다. 시 한 줄에 울고 웃으며 행복해지는, 시는 나에게 그런 존재인 것이다.

어린 시절, 한꺼번에 부모를 잃고 너무도 힘들었을 때 누군가의 시 한 줄이 내게 큰 위로가 되고 힘을 전해주었다. 내 글 한 줄에 누군가 단 한 사람이라도 위로를 받고 행복하다면 나

역시 행복하다. 그것이 아마도 내가 시를 쓰는 가장 큰 이유이리라.

나이를 먹는다는 것은 무엇이 소중한 것인지를 느끼게 되는 것이다. 나이를 먹을수록 우리는 미래에 대한 생각보다는 과거의 추억을 떠올리게 되고 또 지난 시간을 조용히 성찰하게 된다. 그동안 살아오면서 옳다고 생각했던 것들에 대한 내 생각이 바뀌어 지는 것을 느끼게 된다. 세상에 완전히 옳고 그른 것이 어디 있겠는가?

나이와 함께 희망도 기쁨도 조금씩 사라져 간다는 것은 쓸쓸한 일이다. 하지만 나이와 함께 그동안 잊고 있었던 사람들, 돌아보지 못했던 내 주변의 작은 것 하나에도 눈길을 돌리게 된다.

지난 시간은 나에게 그리움이고 추억이다. 그러한 시간이 있었기에 지금 현재의 내게 주어진 삶에 감사함을 배워간다. 앞으로도 내게 주어진 작은 것 하나에도 소중한 마음을 잃지 않으며, 욕심내지 않고 겸허한 마음으로 삶의 아름다운 모습들을 시속에 소중히 그려 넣고 싶다.

2017년 10월

예인 서하영

|목차|

2부
내 안의 섬

3부

당신은 아시나요?

4부
어떤 날

1부

부르면 눈물이 날 것 같은 이름

부르면 눈물이 날 것 같은 이름

잊고 싶다 하여
잊을 수 있는 것이 사랑이라면
얼마나 좋겠습니까?

속절없는 것이
그리움이라 하지만
순간순간 나를 엄습해오는 이 보고픔을
어찌하면 좋겠습니까?

하루에도 몇 번씩
이미 내게는
아무 의미 없는 사람이라고 되뇌어보지만
마음은 수없이 달려가고 있는 것을

한없이 주저앉고 싶었던
지난 힘겨운 시간 속에서
그래도 날 지탱해 준 것은
부르면 금방이라도 눈물이 날 것 같은
당신이라는 이름입니다

혼자서도 외롭지 않은 오늘

비가 오는 날이면 비가 되어
눈이 오는 날이면 눈으로 날리어
내게로 오시는 이여

오고 가는 계절 속에
한 송이 꽃으로, 푸른 풀잎으로
내게로 찾아오시는 이여

스치는 바람 한 자락에도
마음 실어 보내는 그대가 있기에
난 외롭지 않습니다

고단한 내 삶에
소리 없이 찾아와
위로해주고 토닥여주는 그대가 있기에
내 오늘은 혼자서도 외롭지 않습니다

별이 빛나는 밤

어둠이 깊어야
더 잘 보이는 별처럼
눈을 감으면
더 또렷이 보이는 당신

아침이면
별빛도 사라지고
눈을 뜨면
당신의 모습도 희미해지겠지만

당신 그리운 마음
잠 못 이루며 뒤척이는
별이 빛나는 밤!

가슴으로 부르고 싶은 이름

잊으려 애써도
잊을 수 없는 사람
눈에서 멀어지면
마음에서도 멀어지겠거니 생각하며 보낸
지난 시간들은
하루하루가 내게 고통이었지요

군중 속에서
많은 사람들과의 재잘거림 속에
타인처럼
홀로
외로워했던 것도
어쩌면 당신을 향한 그리움이
너무도 큰 까닭이었겠지요

온몸에 불덩이처럼
열이 올라 고통스러울 때에도
사막의 오아시스처럼
나도 모르게 떠올리며 행복해 하는
가슴으로 부르고 싶은 이름

당신이었습니다

새해의 소망

찬란하고도
우람하게 떠오르는 태양
그 소망 가슴에 담으며
처음의 다짐 변함없이
그렇게 또 한 해를 노력하겠습니다

어두운 밤이 지나면
아침이 온다는 불변의 이치처럼
자연에 순응하며 감사함으로
베푸는 자의 겸손을 배우겠습니다

스산한 바람 한 자락에
마음 시려 오는 날이면
사랑만을 위한 내가 되어
사랑만을 위한
내 마음의 시를 쓰겠습니다

아름다운 시어를 줍고
행복의 노래를 부르면서
새해의 소망을 함께 만들고

함께 나눌 수 있을 때
그 의미가 값진 것이라 하셨습니다

새해에는
보내주신 많은 이들의 사랑
가슴 깊이 새기며
마음이 가난한 자들의 아픔을 보듬고
작은 사랑을 실천해가겠습니다

겨울연가

걷고 또 걸어온 길
그리도 애타게 보고 싶었던
당신을 만나러 오는 길은
결코 쉽지만은 않았습니다

계절을 다 보내고
시간의 흐름을 탓하며
이제야
그리도 그리던 당신을 만났는데
당신은 말이 없습니다
아니, 어쩌면
눈물마저도 말라버렸는지 모르겠습니다

기다림이
그 긴 기다림이
하얀 눈으로 쌓이더니
이제는
설산에 흐르던 계곡 물줄기 얼어붙듯
그렇게 마음까지 닫혔는지도 모르겠습니다

당신 하나만을 바라보며
그 먼 길을
넘어지고, 부딪쳐가며 달려온
나는 어찌하라고

아직도 멀기만 한 봄을
또 기다려
얼어붙은 당신의 마음을
녹일 수 있을 런지
이러지도 저러지도 못하는 서러운 마음은
또 하나의 아픔이 되어
가슴속을 흐릅니다

그리운 사람이 있다는 것은

그리운 사람이 있다는 것은
긴 어둠의 터널 속에서도
밝은 햇살을 그릴 수 있다는
내 안의 또 다른 소망

그리운 사람이 있다는 것은
다가오는 내일이 두렵지 않으며
혼자 있다 하여도
외롭지 않은 마음

산다는 것이
힘겨움으로 다가올 때면
어느 사이 불어온 훈풍처럼
보이지 않는 나만의 행복

그리운 사람이 있다는 것은
어둠 속에서도 빛나는 소망 하나
살아가면서
힘이 되고 위로가 되는 행복입니다

안개비

아침이 밝아오기 전
싸늘하게 느껴지는
늦가을의 새벽 공기에
자꾸만 옷깃이 여미어지는 것은
비단 추워서만도 아닐 텐데
무슨 이유인지 모르겠습니다

앙상한 가지 끝에
안간힘으로 버티던
마지막 잎새 하나 위태로워 보이는 것은
이별을 알면서도 떠나지 못하는
끊으려야 끊을 수 없는
우리의 인연 때문인지도 모르겠습니다

강 건너
희미하게 보이던 안개구름
그리워하면서도 만날 수 없는
당신과 나의 운명 이런지
쉴 새 없이 내리는 새벽 안개비에
쓸쓸한 마음만 가득합니다

가을 길목에서

매일같이 걷던
도서관 옆 골목길에
노란 모과 열매가 빙그레 웃고
내가 사는 아파트 정원에는
여름 내 붉게 피어 있던 베고니아가
가을 색으로 옷을 갈아입었다

큰 그늘을 만들어
누구에게나 쉬어갈 곳을 만들어 주던
느티나무의 무성한 이파리도
갈색 옷을 갈아입으려 분주해지는
가을 길목

하얀 구절초
들판 가득히 메울 때면
나는 또 무슨 옷 갈아입고
이 가을 길목에서
당신을 기다려야 할까

그대라는 이름

노크도 없이
내 가슴에 찾아와
수많은 시간을
날 울고 웃게 만들었던 사람

언제
어느 곳에 있든지
생각 저 끝에서 먼저 찾아와
내 발걸음을 멈추게 하는 사람

조금은
퍽퍽했을 내 삶에
아름다운 추억을 넉넉히 채워준
단 한 사람

오고 가는
계절의 변화에
제일 먼저 떠올리며 미소 짓게 만드는
그대라는 이름

그런 사람이었으면 합니다

날 사랑해 달라고
한 번도 말한 적 없었지만
언제나
함께하는 그림자처럼
당신은 내 옆에 있겠거니
그렇게만 생각했었습니다

한 번
마음에 담았으면
비가 오나 눈이 오나
조금 부족하면 부족한대로
함께 한다는 것만으로도 행복할 수 있는
당신과 나 이길 바랐습니다

모든 것이
빠르게만 변해가는 세상에서
당신과 나의 지난 시간들을
다시 돌이킬 수 없을지라도
한 번쯤 고운 향기로 생각나는
우린 서로에게

그런 사람이었으면 합니다

내가 사랑할 사람아

다시는 울지 않겠다고
몇 번이고 다짐했는데
주체할 수 없도록 흐르는 눈물

이렇게 아파할 줄 알면서
미치도록 그리워할 줄을 알면서도
무턱대고 가슴에 담은 사랑

언제나 마음은
행복이라는 단어만 떠올릴 줄 알았는데
나도 모르게
가슴 한쪽에 아릿함으로
찾아오는 사람

비바람 몰아치고
뿌연 황사가 지나간 곳에
소리도 없이 피어난 사월의 꽃이
더 아름다운 것처럼

사랑하는 사람아

죽어서도 내가 사랑할 사람아

당신이 있기에

내 삶이 더 빛나는 것임을…

그리운 이름 하나

베란다 틈사이로
살며시 고개 내밀던 석양빛
소리도 없이 찾아온 어둠에
황급히 얼굴 붉히며 사라질 때면
잊었던 추억과 함께
나도 모르게 떠올리는
그리운 이름 하나

잊은 듯 살다가도
어쩌다 한 번씩
허락도 없이 찾아와
내 마음을 흔들어 놓고 가는
미워할 수 없는 사람

사랑이라는 말보다
보고 싶다는 말보다
같은 하늘 아래 함께 있다는 것이
더 힘이 되고 위로가 되는
생각 하나만으로도
잔잔한 행복을 전해 주는 사람

언젠가
우연이라는 핑계를 대서라도
한 번쯤 만나고 싶은
언제나 기억 저편에서
그리움으로 떠올리게 되는
당신이라는 이름

푸른 유월에

내가 다니는
도서관 옆 산책길에는
초록의 작은 모과 열매가
빙그레 웃으며 나를 반기고
작은 미풍에도
이리저리 흔들리던
연녹색 자작나무 이파리도
짙푸른 옷을 갈아입은 유월

이유도 없이
괜스레 눈물이 나고
걷잡을 수 없도록 방황하며
힘겨워했던 내 마음의 노트에도
이 푸른 유월에는
소망이라는 시어들을
가득히 채워 넣으리라

당신과 함께라면

울긋불긋 수를 놓던
사월의 아름다운 꽃들이
무성해지는 녹색의 푸르름 앞에
서둘러 몸을 숨기고

간밤에 몰아친 비바람에
수줍게 고개 내밀던 노란 민들레
빗물에 떠내려갔는지 찾아볼 수 없어도
당신과 함께라면
나 외롭지 않을 수 있어요

붉게 물드는
석양빛 저 노을에
새삼스럽게, 아주 새삼스럽게도
잊었던 기억들이 쓸쓸함으로 찾아와
미칠 듯 아픈 마음이 되어도
사랑하는 당신과 함께라면
나 행복할 수 있어요

나를 사랑한 사람

오월의 장미처럼
아름답지도 못하고
다소곳이 피어난 수국처럼
순수하고 청초함도 없는
그런 나를 어여삐 여기고
사랑한 사람

나이를 먹어가면서
왠지 모를 초라한 내 모습이
스스로 인정하기가 싫어
가끔은
마음에도 없는 말로
상처를 주고
짜증을 내기도 했던
그런 나를 사랑한 사람

보잘것없는
나 하나만을 바라보며
자신이 살아가는 삶에
얼마나 큰 위로가 되는지 모른다며

날 토닥이는
참으로 바보 같은 사람

이 세상 떠날 때까지
함께 할 수 있다면
그것이 자신의 행복이라는
이제는
내가 더 많이 사랑해야 할 사람

그런 너였으면 좋겠어

여름 장맛비에
옷 젖는 것은 알면서
널 바라보는 내 가슴은
이미 오래전부터
젖고 있었다는 것을
너는 모르겠지

항상
옆에 있었기에
언제나
그 자리에서 너만을 바라보며
널 기다리고 있을 것이라는 생각은
하지 않았으면 좋겠어!

앞만 바라보지 말고
잠시만 아주 잠시만
그림자처럼 네 옆에 서 있는
내 모습도
한 번쯤 헤아려 줄 수 있는
그런 너였으면 참 좋겠어

낙엽에 쓰는 편지

수없이 편지를 쓰고도
무슨 할 말이 남아 있기에
흔들리는 마음 추스르지 못하고
바람 불고 비 오는 가을 길목에서
때 이르게 뒹구는
낙엽하나 살며시 주워 너에게 편지를 쓴다

사랑한다는 말
보고 싶다는 말도
이제는 먼 기억 속의 추억일지라도
아직도 남은 마음 하나 때문에
부칠 수 없는 것인 줄 알면서
낙엽 위에 편지를 쓴다

힘겨웠던 날
눈물겹도록 서러웠던 지난 날
눈물도 사치라고 생각되던 날
그래도
함께 할 수 있었던 네가 있었기에
행복했었노라고…

2부

내 안의 섬

내 안의 섬

홀로 바다에 서면
애틋한 그리움이
나 혼자만 갈 수 있는
내 안의 섬을 찾아서 간다

바다 건너
희미하게 보였던 섬
아무도 갈 수 없는
내 안의 섬

사랑이라는 이름으로
그리움이라는 이름으로
숨겨두어야만 했던
나 혼자만의 섬

보고 싶은
그대를 위하여
오늘은
내 안의 섬 하나를 열어 본다

오고 있을 그대를 위하여…

우리 사랑

하늘이 있어 땅이 있고
땅이 있어 하늘이 있는 것처럼
그대가 있기에 내가 있고
내가 있어 그대가 있습니다

심술궂은 사월의 바람은
화사한 꽃봉오리 피워 놓고
그 꽃잎 다 떨어지도록
눈길 한 번 주지 않지요

이미 시든 꽃잎 되어
어루만지고 달래보아도
다시 피어나지 못하고
먼 길 떠나야 하는 사월의 꽃처럼
떠나고 나서 후회하는
그런 사랑을 우리는
하지 않았으면 합니다

우주가 있고 생명체가 있듯이
언제나

내 안에서, 그대 안에서 숨 쉴 수 있는
우리는
그런 사랑만 했으면 합니다

그대 가슴에 뜨는 별

한 번쯤은
나도 그대에게
그리운 이름으로 남고 싶습니다

낙엽 한 자락 날리는
공연히 외로운 날
싸한 통증으로
가슴이 시려오는 겨울날에도
그대에게는
영원히 잊혀 지지 않는 이름이고 싶습니다

그대, 살아가는 동안
힘들고 지쳐 있을 때
가끔은
내 생각 하나로
훌훌 털고 일어날 수 있기를!

해 뜨는 아침부터
해지는 저녁까지
환한 웃음 햇살처럼 피어오르는

언제까지나 나는

그대 가슴에 뜨는 별이고 싶습니다

영흥도 앞바다에서

괭이갈매기 울음소리
오싹하게 들려오는
어둠이 채 가시지 않은
때 이른 새벽 바닷가

홀로 걷는
이 바닷가의 산책길이
왜 이렇게
싸한 통증처럼 찾아오는 걸까

그립다는 말은 아니더라도
외면하고 싶다는 말은 하고 싶지 않았는데
내 안의 너는 왜 그렇게
고통스러움으로 다가오는 것일까

비에 젖은
영흥도의 바다도 울고
피할 수도, 부딪힐 수도 없는 현실 앞에
내 마음도 울고 있다

물안개

홀로 찾은 아침 호숫가에
하얗게 피어오르는 물안개

얄궂은 당신의 사랑은
오늘도
하얀 그리움으로 피어난다

언제나
마음속에서만 그리워 할뿐
잡힐듯하면서도 잡을 수 없는
눈물로 응고된 결정체

그리워하면서도 만날 수 없는
우리는 슬픈 인연!

아침의 기도

푸른 이파리 위에
살며시 내려앉은 이슬
수정처럼 맑게 빛나는 그 모습처럼
나도 당신에게
그런 아름다운 사랑이고 싶습니다

오월의
붉은 장미처럼
화려함으로 빛나지 않아도
하얀 찔레꽃의 순수함처럼
나도 당신에게
은은한 향기를 전해 줄 수 있는
그런 사랑이고 싶습니다

푸른 하늘
풀 향기 가득한 여름 들녘에서
당신을 위한
조촐한 글 한 줄이라도 쓸 수만 있다면
그것이
내 행복이라 여기겠습니다

11월

노란 은행잎
거리 곳곳에 하나, 둘 떨어지는
11월에는
그대의 눈물을 본다

가을을 담기도 전에
먼저
이별을 준비해야 하는
11월은 아쉬움이다

보내고 싶지 않았지만
어쩔 수 없이
그대를 보내야 했던

내 아픈 날의 그리움처럼…

사랑하는 사람아

아~
눈물겹도록 그리운 사람
내가 사랑하는 사람아
그 눈빛, 그 목소리만으로도
내 가슴을 설레게 하는 사람아

운명처럼 만난 우리
힘겨운 삶 속에서
내가 숨을 쉬며 살아가는 이유도
같은 하늘 아래
네가 있기 때문인 것을

지난 많은 시간을
떠도는 구름처럼 헤매다
서로의 상처를 위로하며 만난 너와 나
너를 생각하면 지금도
내 영혼은 파도처럼 일렁인다

언제나 내게
신비로움을 느끼게 하는 너

내가 이 땅에서 눈 뜨고 살아가는 것도
언제나 찬란하게 빛나고 있는
너 하나 때문인 것을

내가 지금 숨을 쉬고 있는 것도
오직 너 하나만을 위해서인 것을
이 세상에
네가 존재한다는 이유만으로도
세상을 다 가진 듯 부유한 마음

사랑하는 사람아

영원히 너를 내 옆에 둘 수 없다 하여도
나는 네 안에서
너는 내 안에서
영원히 살아 숨 쉬는
하나뿐인 소중한 사랑인 것을…

그 사람 당신입니다

오래도록 내 기억 속에
아름다운 영상처럼 떠오르는
비 온 뒤의 무지개처럼
잔잔한 여운으로 행복을 전해주는 사람
그 사람 당신입니다

어떻게 살아가야 하는지
복잡하고 답답하게 보이는
내게 속한 현실들이 싫어
때론 어디론가 떠나고 싶어질 때
조용히 내 마음에 찾아 와
날 위로해 주는 사람

추적추적 비 오는
유월의 저녁 해거름
느닷없이 밀려오는 외로움으로
가슴 저려 오는 날
미칠 듯 달려가서 만나고 싶은 사람
그 사람, 바로 당신입니다

당신이 참 좋아요

짜증을 내고
투정을 부려도
그저 바라보고 살아도 좋겠다는
바보 같은 사람

그리도
보고파 하면서
사랑한다는 말 한마디 전하지 못하고
가슴으로만 삭이는 사람

조금은 부족한 듯하지만
마음이 가난한 이들을 위해
한쪽 가슴을 비워놓을 줄도 아는
따뜻한 여유로움을 가진 사람

언제 어느 때
불현듯 찾아가더라도
환한 미소로 반겨 줄 것 같은
나는 그런 당신이 참 좋아요

목련이 사월에 핀 까닭은

지난겨울
혹한의 추위 속에서
봄을 기다리는 마음처럼
나 그렇게
당신을 기다렸지요

때 이른 훈풍
계절도 없이 시도 때도 없이
피어나는 꽃들에
벌써
4월이 떠나는가 싶어
당신마저 바삐
발걸음을 재촉 할 때면

혹여,
기다리는 내 마음도 모르고
그냥 지나치지나 않을까 싶어
나 이렇게
수줍은 얼굴 살며시 내밀며
4월의 목련화로 피어나야 했지요

당신을 위한 기도

이 순간에
내가 행복한 것은
날 생각하며 살아가는
당신이 있기 때문입니다

늦은 밤
베란다 창으로 보이는
달빛이 아름다운 것도
당신이 있기 때문입니다

고통스러웠던
지난 시간 속에서도
굳건히 견디어 올 수 있던 것도
당신을 사랑하기 때문입니다

이름 없이 피어난
길가의 풀 한 포기에도
마음을 줄 수 있는 것은
날 바라보며 행복해하는
당신이 있기 때문입니다

겨울 바다

스치는 칼바람에
빈 가슴 더욱 쓰라린 날
늘 변하지 않는 모습으로
날 기다릴 것만 같은
그 겨울의 바닷가가
오늘은 미치도록 그립다

흩날리는 흰 눈 속에
애틋한 내 그리움 쌓여가고
아직도 다 하지 못한 우리 사랑
핏빛 노을과 함께 들려오는
갈매기의 애달픈 흐느낌

때로는 성난 파도로
때로는 잔잔한 눈빛으로
말없이 날 바라보며 기다려주던 너
하얀 눈송이 녹여가며
고운 시상詩想도 떠올려 보고
오래도록 함께하고 싶었는데

이제는

그 긴 겨울의

스산함만큼이나 낯선

추위에 떨고 있을 그 겨울 바다가

오늘은 무척이나 그립다

사랑해요

시도 때도 없이
당신에게 듣고 싶고
가장 나를 설레게 하는 말

말하지 않아도
이미 눈빛을 통해
그 마음을 알고 있으면서도
왜 그렇게
당신 목소리로 듣고 싶어질까요?

오늘도 내일도
이 세상 내가 살아가는 동안
당신에게 가장 듣고 싶은 말

이제는
내가 당신에게
더 많이 해주고 싶은 말

"사랑해요"

가을이 오는 호숫가에서

노을빛이 가득한
가을이 오는 호숫가
오늘은
왜 이렇게 당신이 그리울까요

보고 싶다고
달려갈 수 없고
전화를 할 수도 없는데

차라리 만나지 말 것을

우린 언제쯤
호수에 섞인 노을처럼
그렇게 살아갈 수 있을까요

가을이 오면 너에게

길가의 푸르른 나뭇잎
붉은 물감으로 수채화를 그리게 될
가을이 오면
가장 아름답고 예쁜 편지지를 골라서
너에게 정겨운 편지를 쓰고 싶다

그리웠다고 해야 할까
아니면
한 번쯤은 생각이 났다고 해야 할까
그냥,
안부가 궁금했었다고 해야 할까

노란 은행잎 하나
내 마음 밭에 날아오는 가을이 오면
하늘에 살포시 떠 있는 하얀 구름편지지에
사랑하는 마음 가득 담아
너에게 편지를 쓰고 싶다

여름내 몸살 앓던 개울가에
고추잠자리 떼 지어 춤을 추는

가을이 오면

너에게 선물 받고 싶은 시집 한 권에
노란 국화 향기 책갈피에 담아
너의 고운 편지도 내게 전해지겠지

내가 쓰고 싶은 시詩

많이
아파본 사람만이
시詩를 쓰는 것이라고
사람들은 이야기를 하지만
나는 그런 아픔의 시를
쓰고 싶지 않다

가슴에
한이 맺힌 사람들이
수없이 토해내고도 모자라
눈물로 쓰는 것이 시詩라고
사람들은 이야기하지만
난 그런 한이 맺힌 시를
쓰고 싶지 않다

배고프고
가난한 사람만이
시를 쓸 수 있는 것이라고
사람들은
오늘도 내게 말을 건네지만

내 몸과 마음이 지치고
그 어느 누구하나
날 바라보아 주는 이 없을 때
시詩만은 변함없이 내게로 다가와
친구가 되어준 것을
그들은 알지 못한다

아름답고 소중한
나의 언어들을 빚어서
누구나가 행복해 할 수 있는
그런 시詩를 쓸 수만 있다면

오늘도 내일도
아니, 평생 동안
나는 시詩를 쓰리라

아름다운 사람을 만나고 싶다

아름다운 사람을 만나고 싶다
하루에도 수없이 많은 사람과 부딪치고
서로 먼 타인처럼 살아가는 세상에서
가슴에 고운 소망 하나 품고 살아가는
따스한 마음을 가진 사람을 만나고 싶다

비 온 뒤의 땅이 더 굳듯
살아온 자신의 아픔들을
미래의 소망으로 만들어가는
꿈이 있는 사람을 만나고 싶다

따스한 커피 한 잔에 행복해하며
이름 없이 피어난 들꽃 하나에도
조용히 미소를 지을 줄 아는 사람

오늘처럼
바람이라도 되어
어디론가 떠나고 싶어지는 날에는
청자 빛처럼 맑은 마음을 가진
아름다운 사람을 만나고 싶다

3부
당신은 아시나요?

당신은 아시나요?

바람이 몹시 불던 날
즐비한 인파들이 열차에 오르고
텅 빈 플랫폼에서
길 잃은 어린아이처럼 서성이던 마음
당신은 아시나요?

헤어짐이 아쉬워
싸늘한 밤공기에 눈물만 흐르던
머릿결 스치는 바람마저도
너무도 야속하게 다가왔던 마음
당신은 아시나요?

드러내지만 않았을 뿐
내 삶에
눈물이 되고 행복이 되기도 했던
내 온 생애를 흔들었던 사랑이라는 것을
당신은 아시나요?

거울 앞에서

너무도 짧은 생生을
눈물겹게 마무리했던 내 어머니
당신의 삶을 보고 살아오면서
그 모습 닮지 않으려고
무던히도 노력하고 노력했습니다

캄캄한 밤에
홀로 떠 있는 하늘의 달처럼
추운 겨울밤
미칠 듯 외로움이 밀려와도
가슴으로 눌러야만 했습니다

딸은 어머니를 닮는다는
그 말이 때로는 듣기 싫어
강한 척, 도도한 척 보이려
억지로
웃음도 지어야 했습니다

눈물은 가슴에 담고
입가엔 미소를 지으며

나는
당신과 다른 삶을 살아보고 싶었는데
불혹의 나이에
거울 앞에 서 있는 나는

어머니, 당신이었습니다

입대하는 아들을 보내며

바라만 보아도
눈물이 날 것 같은
사랑하는 너를
내일이면 강원도로 보내야겠지

살아가는 것이
힘겨운 현실로 다가올 때마다
어린 너를 붙잡고
눈물 흘렸던 지난 시간들

알게 모르게
너를 많이 의지하고 살아서였을까
염색했던 긴 머리
파르스름하게 살이 드러나도록
밀어버린 네 모습을 바라보면
자꾸만 눈물이 난다

누구나 한 번은 가야 하는데
왜 자꾸 별난 엄마처럼 눈물이 나는 걸까
벌써 이만큼 커서

어엿한 군인이 되는 길인데
엄마의 마음은
왜 이렇게 아파오는 것인지

다시 만날 때까지
무탈하게 잘 지내다 오게 해달라고
늦은 밤
간절한 마음으로 두 손 모아본다

그리운 어머니

강산이 두 번이나
변하고도 남았을 세월
기억 속의 당신은
언제나 곱고 고운 젊은 날의
그 모습 그대로인 것을
어쩌자고
불러도 대답 없는 공허한 메아리만이
당신 그리움을 대신하는지요?

너 없이는
단 하루도 살 수 없을 것이라고
그렇게도 말씀하시더니
다시는 돌아올 수 없는 그 먼 길
어찌 떠날 수 있었는지요?

밤이 새도록
접고 또 접어 만들었던
정성 가득 담은 빨간 카네이션
당신 가슴에 달아 드리던 날
세상 그 어느 누구도 부럽지 않다고

소맷자락으로 눈물 훔치며
마냥 행복해하시던 어머니
그것이 마지막일 줄 알았더라면
많이많이 더 달아 드릴 것을

불러도 불러도 대답 없는
그리운 나의 어머니여
해마다 오월이 되면
가슴 깊은 곳에서 참았던 눈물
억제하지 못했던 아픔들이
밀물처럼 찾아 들어
또 다시 가슴에 멍울집니다

너에게 가는 길

어둠이 채 가시지 않은
새벽 미명의 시간
너에게로 가는 길엔
왜 이렇게
눈물이 먼저 찾아오는 걸까

날 이토록
가슴 아프게 한 사람도
가슴 터질 듯
벅차오르는 기쁨으로
이토록 행복하게 만들어 준 사람도
너 하나뿐이었던 것을

사랑한다고
보고 싶었노라고
미치도록 그리웠다고
다 전하지 못한
수없이 외치고 싶었던 숱한 말

이 새벽

간간이 보이는
자동차 불빛들을 헤치고
막막한 고속도로를 달려
너에게로 가는 길은
몸보다 마음이 먼저 달려간다

불러도 대답 없는 어머니

잠시만, 아주 잠시만
당신을 바라보아 달라고
그렇게도 나에게 애원하던
추운 겨울밤

양 갈래로 머리를 땋아 내린
철부지 소녀는
벽에 기대어 애처롭게 바라보는
당신의 그 눈빛을 외면한 채
졸음을 이기지 못하고
그만 꿈나라로 빠져들었지요

앙상한 뼈마디
그 가벼운 몸조차 가누지 못하고
세상모르고 잠자는
철부지 어린 딸을 바라보며
하얀 새벽에
말없이 이 세상을 떠나야 했던 당신

예쁜 딸 커가는 모습

그렇게도 지켜보고 싶다고
입버릇처럼 말씀하시더니
떨어지지 않는 발길
어떻게 그 먼 길 떠나셨을까

가슴을 저미는 듯한
쓰라린 고통
불러도 불러도 대답 없는
싸늘히 식어간
나의 어머니여!

아~
어머니
나의 어머니
이제는 그 어린 소녀가
그때의 당신 나이가 되어
미치도록 그리운 어머니를
목 놓아 불러봅니다

당신은 떠나고 없지만

보이지 않아도 함께하는 우주처럼
당신은 항상 내 안에서
나의 삶이 되고
내가 시를 쓰는 이유가 되는
영원한 나의 사랑입니다

가을은 저만큼에서

노란 은행잎 하나
내 창가에 찾아오는 가을이 오면
예서체의 고운 시 한 편을
적어보겠다는 소망 하나

구절초의 고운 향기
내 마음 설레게 하는 가을이 오면
보고 싶다는 내용의 편지 한 통
그대에게 쓰고 싶었던 소망 하나

그 또한
이루지 못하고
벌써 가을은 저만큼에서
작별을 고한다

내 아들에게 띄우는 편지

가슴에
싸한 통증이 먼저 찾아오는 이름
너를 생각하면
왜 이렇게 마음이 애틋해지는 걸까

힘든 내 삶에
작은 것 하나라도 기쁨을 주려고
어린 나이에도
어른스럽단 이야기를 들었던 너

누군가 너에게
공부를 왜 하느냐고 물었을 때
"40%는 나를 위해, 60%는 엄마를 위해" 라고 했던
초등 6학년 때의 그 말이
지금까지도 엄마 가슴에
아릿함으로 남아있다는 것을 너는 모르겠지

아들이기 전에
친구였고 내 꿈이 되었던 너
사랑한다고,

네가 있었기에 내 삶은 행복했노라고
늦은 밤
너에게 편지를 쓴다

그리움으로 맴도는 이름

보고 싶고
맘껏 불러보고도 싶었던
마음속의 외침은
언제나
소리 없는 침묵으로만 끝나고
또다시 그리움으로 맴도는 이름

언젠가는
예견한 이별이었음에도
미리 준비조차 할 수 없이
당신을 보내야 했던
내 기억 속의 어린 날은
아픔이란 말조차도 꺼낼 수 없었던 날들
그저 멍하니 하루하루를 보내야 했었지요

젊디젊은 모습
내 기억 속의 당신은
언제나 곱고 아름다운 모습이었지요
흰 눈이 온 대지 위에 쌓이는
이 아름다운 계절, 십이월에는

어머니

당신이 미치도록 그립습니다

어느 세월에

하얀 아카시아 꽃
그 맛이 무엇인지도 모르면서
따 먹었던 시절
배고파서는 아닌데
친구 따라 올라간 산기슭에서
먹는 꽃이라며 한 아름 입에 넣는
그 친구를 보고
나도 함께 먹어가며
이유도 없이 즐겁기만 했던 시절

동네 어귀에
우뚝 선 미루나무
언제나 나를 반기고
오다가다 만나는 어른들
귀여워라 머리 쓰다듬어 주시며
"어두워지면 망태할머니 널 잡으러 올 텐데
어서 집에 가거라"
이 한마디가 집으로 가는 발걸음을
어찌나 무겁게 만들던지

같은 하늘

같은 오월인데

벌써 세월을 먹고 자란 내 나이

향기 가득한 아카시아

어느새 아련한 추억으로 찾아 들고

화려함으로 유혹하던 오월의 장미는

애틋한 그리움만 떠올리게 한다

아~

어느 세월에 이만큼 와 있었나

너를 보내며

눈에 넣어도 아프지 않을
내가 태어나 가장 사랑한 너를
이제 며칠 있으면
먼 길 떠나보내야 하는데
왜 이렇게
마음에선 너를 놓지 못하고 있는 걸까

어느 사이에
이만큼 컸을까
살아가는 현실이 힘에 겨워
이승에서의 나를 놓고 싶을 때에도
나이보다 빨리 성숙해버린
너를 붙잡고
밤마다 핏빛 울음을 토해냈었지

그런 나의 아픔을 아는지 모르는지
동그란 눈을 깜박이며
고사리 같은 손으로 내 눈물 닦아주며
함께 눈물 흘리던 너

사랑하는 마음만 가득했을 뿐
무엇하나
제대로 해 준 것이 없는 것 같아
내 가슴은 더 아파온다

가을 단상

변하지 않을 것 같던
푸른 이파리, 녹음 짙은 들판도
가끔은
그래, 가끔은
또 다른 삶으로 살아보고도
싶었을 거야

다른 누군가를 위해
푸른 색깔을 만들어 가기보다
자신만의 삶을 살고 싶어
울긋불긋 색칠하고
곱게 꾸미고도 싶었을 거야

사랑도 변하고
모든 것이 다 변해 가는데
홀로 푸른빛으로 남아 있는
그 외로움이 싫어
알록달록 아름다운 색으로
바꾸고도 싶었을 거야

봄비

참았던 눈물
말로 하지 못했던 아픔들
뼛속까지 시리던 쓸쓸함에도
나 이렇게 울지 않았습니다

평생을 변함없이
나 하나만을 사랑하겠다던
그대가 떠나가던 날에도
나 이렇게 눈물 흘리지 않았습니다

내 작은 어깨를 짓누르던
지난 아픔의 체증들
스스로 버겁다 하면서도
내려놓지 못하고 참았던 눈물

오늘은 봄비가 되어 하염없이 내립니다

코스모스가 가을에 피는 까닭은

잔인한 아픔의 사월,
당신은
수수함과 아름답다는 이유로
눈길 한 번 주지 않은
라일락을 사랑합니다

온몸과 마음이
단숨에 빠져들 듯 한
아카시아 진한 향취에
이미 당신은
나를 돌아보지도 않으시겠지요

이제나저제나
오직 당신만을 기다리며
몇 번의 계절을 보내야 하는 나를
언제쯤이면
바라보아 줄 수 있을 런지

찬바람 불어와 모두 떠나간 자리
이제야

날 바라 볼 것 같은 당신을
가느다란 허리 살랑대며
유혹해야 하는 나는

결코 행복하지 않은
코스모스입니다

시월에

벌집 같은
도심의 빌딩 숲을 떠나
가을빛이 내려앉은
어린 시절의 고향을 찾아
홀로
추억 속으로 여행을 떠나보고 싶었다

가르마 같은 논둑길을 지나
미루나무처럼 높아 보였던 짚단더미
주고받던 탁주 한 사발에
검게 그을린 농부의 정겨운 미소가
석양빛으로 찾아올 때

산그늘 아래
하얗게 피어오르는 저녁연기
텅 빈 들녘에 고단한 모습으로 홀로 조는
허수아비의 정겨운 모습에
쉬어보고 싶었다

푸른 이파리 무성히 달고

맘껏 제 모습을 뽐내도
아무도 바라보아주지 않는
못 생긴 모과 열매가
사립문 옆으로 풀이 죽어 있을

하얀 박 넝쿨 시름시름 앓아
이우고 갈색의 잔재로 사라질
내 고향의 가을

한 번쯤
떠나고 싶었던 시월은
저 멀리서 손 흔들며
아쉬운 작별을 고한다

작은 소망

하늘 높이
치솟은 미루나무처럼
큰 꿈을 가졌던 어린 시절의 바람들은
이제는 삶의 뒤편에 웅크리고 앉아
조용히 미소만 짓고 있다

드넓은 바다
수평선 저 멀리
보이지 않는 미지의 나를 그리워하며
가슴에 품어온 꿈들은
잔잔하게만 보이는 바다
그 깊이만큼 감추어진 아픔도 알게 해주었다

아쉬운 세월은
내 이마에 주름살 하나를
보태주었지만
길가에 피어 있는 작은 풀 한 포기에도
소중한 마음을 알게 해 주었다

가슴 깊이 삭여야만 했던 아픔들에

자연의 순리를 배워가며
조촐한 글 한 줄을 엮어 갈 수 있는
작지만 소중한 소망 하나를
내 마음의 뜨락으로 가꾸어 간다

치과를 다녀오며

큰 주삿바늘로
세 번이나 마취를 했다

만 사십 년을 넘게
나의 분신처럼 살아온
어금니 하나
잠시의 통증만 있었을 뿐
한순간에 뽑혀졌다

“뽑은 자리가 아물고 나면
그곳에 임플란트를 시술해야 합니다”
라는 의사의 말에
병원을 나오는 길은 매우 씁쓸했다

이제 몇 개월 후면
그 긴 세월을 함께 해 오던 너는
기억에서조차 멀어져가고
또다시 그 자리엔
낯선 치아가 자리를 잡겠지

자신이 주인인 양

아주 자연스럽게…

4부
어떤 날

어떤 날

말없이
눈물 흘리는 널 바라보며
아무것도 해줄 수 없는 내가
무척 초라하게 느껴졌던 날

손이라도
살짝 잡아주며
너에게 무슨 말이라도
해야만 할 것 같은데

그 어떠한
말 한마디 못하고
힘없이 돌아서야 했던
내 마음이 몹시도 서러웠던 날

내가
네가 될 수 없음이
너무도
가슴 아파오던 날

벽

수없이 갈구하면서도
가까이 다가가지 못했던
너와의 사랑은
언제나 목마른 갈증이었지

네 눈빛이
유난히 애처롭던 날
내미는 내 손잡아주길 바랐지만
어느 사이
저 멀리 달아나 버린 너

처음이자 마지막이 되자며
영원을 약속하던 우리 사랑 속에
허물지 못한 벽이 있었다는 것을
그때 나는 몰랐었지

아니, 어쩌면
너만을 탓하며
진심으로 다가가지 못한
내 마음속의 벽을
스스로 허물지 못했던 것이었으리라

어디로 가야 할까

스치는 바람 한 자락에도
마음 둘 곳 없어 허허로운 날
거리 곳곳에 뒹구는 낙엽처럼
갈 길 못 찾아 서성이는 어린아이처럼
나는 어디로 가야 할까

보내고 싶지 않았지만
어쩔 수 없이 그대를 보내야 했던
그 어느 날처럼
홀로 가슴 쓸어내리며
멍하니 하늘만 바라보게 되는 오늘
나는 어디로 가야 할까

마음에 드는 시 한 줄
제대로 쓰지 못하여
어쩔 줄 몰라 허둥대고 있는
시인이란 이름이 서럽게 다가오는 날
나는 어디로 가야 할까

그냥 그렇게 살면 될 것을

그냥
그렇게 살면 될 것을
왜 그리
혼자서 힘들다 하며
살아왔을까

그렇게도 몰아치던
여름 장맛비 속에서도
군데군데 피어있는 개망초는
조용히 웃고 있었던 것을

불어난 강물에
갈 길 잃었을까
긴 목 빼고
저 멀리 바라보던
왜가리의 슬픈 눈망울에도
기다림은 있었던 것을

바람이 불면
바람이 부는 대로

눈이 오면 눈이 오는 대로

그냥 그렇게
살아가면 되는 것을…

느낄 수 없는 마음

차디찬 표정
싸늘히 돌아서며
뒤돌아보지 않던 당신을
내 마음에서 보내던 날

조금만
기다려 달라고 애원하던 말들은
허공중에 떠돌고
만신창이가 된 몸과 마음을
어떻게든 추슬러 보려고
이를 악물고 살아온 시간들

그렇게도 갈구했던
사랑도, 당신에 대한 연민도
이제는
내게 아무런 의미 없는
시간들이 되어버린 것을

그 먼 길을 돌고 돌아
그렇게도 옆에 있어 달라고

애원하던 내 눈빛을
매몰차게 외면하던 당신은
그 당신은
이제 내게로 왔는데

너무나
긴 기다림이었을까
이제는
당신에 대한 어떠한 감정마저도
느낄 수 없는 마음이 되어
잔인한 사월의 끝자락에
내가 홀로 서 있다

겨울에게

무표정한 모습
싸늘한 네 눈동자
차갑게만 다가오는 네 모습이 싫어
한때는
너와의 인연을 피하고만 싶었지

어떻게 하면
나무토막보다 더 굳은
네 마음을 녹일 수 있을까 생각하며
봄의 향기보다
더 따사로운 마음을 너에게 전해주고 싶었지

유독
추운 것을 싫어하는 나였지만
그래도
사랑으로 너를 감싸면
따스한 햇살에 사르르 얼음 녹듯
너도 그럴 것이라고 생각했지

하지만

가장 가까이 있는
소중한 사람의 눈물조차
외면하고 돌아서 버리는 너는
역시 겨울이었던 것을…

가을의 문턱에서

소리도 없이
기별도 없이
기다리지도 않았는데
가을이 눈앞에 와 있다

아직도 마음에선
이십 대의 풋풋한 생각들이 가득한데
세월의 내 나이는
벌써 가을의 초입에 들어섰을까

미루나무처럼
큰 꿈을 꾸었던 어린 시절의 바람들은
이제는 내 삶의 뒤쪽에 웅크리고 앉아
조용히 날 바라보고 있다

아직도
해야 할 일들과 하고픈 것들은
수없이 많은데
언제나 생각만 무성할 뿐
이 가을의 문턱에 홀로 내가 서 있다

교과서 같은 사람

사람들은 내게
교과서 같은 사람이라고 말을 한다

콩 심은 데 콩 나고
팥 심은 데 팥 나고
어떻게 사람이
그렇게만 살 수 있냐고 한다

내가 살아오면서
옳다고 생각했던 것
내 소신대로 밀고 나갔던 것들이
어느 한순간에 무너져 버릴 때면
나도 가끔
내가 아닌 또 다른 사람이 되고 싶다

콩 심은 데 팥 나고
팥 심은 곳에서 콩이 나온다면
그럴 수만 있다면
나도, 내가 살아온 방식과 틀을
모두 떨쳐 버리고 싶다

오월의 끝자락에서

살아간다는 것은
외로움일까, 기쁨일까
그 어떠한 것으로도
채워지지 않는 한쪽 가슴은
언제나 허허로움이 찾아들고
무엇인지 모를 그 어떠한 것에 대한
번민과 갈증

하루를 접어야 하는
늦은 밤 시간이 되면
나도 모르게
명치끝이 싸하게 아파오는 것은
무슨 이유 때문일까

얽히고설키고
서로 부딪히고 살면 그뿐인 것을
왜 이리도
마음을 못 잡고
이 아름다운 오월의 끝자락에서
나는 서성이는 것일까

가을비

노란 은행잎
쓸쓸히 바람에 날리는 날에는
기별도 없이
무턱대고 당신을 찾아가고 싶었습니다

왜 왔느냐고 묻는
한마디의 말보다
그냥
따스하게 안아주길 원했습니다

사랑한다고
수없이 말하고 싶어도
눈물이 앞을 가릴 것 같아
꼭꼭 가슴에만 숨겨두었던 사랑

타인보다
더 멀게만 느껴져
이방인처럼 말없이 돌아서서
눈물 흘려야 했던 날
가을비는 소리 없이 내리고 있었습니다

허전한 날

하루에도 수없이
천국과 지옥을 오고가는 내 마음
오늘은
천국 문 근처에는 가보지도 못하고
지옥문 앞에만 수십 번을 다녀왔다

온종일
가슴을 후벼대는
장대비가 내리고
목까지 조여 오는 답답함으로
어디론가 도망쳐버리고 싶은 날

홀로 위로하며
마주하는 커피 한 잔에도
늦은 밤
술 한 잔을 벗 삼아 보아도
자꾸만 눈물이 고인다

살아 있어도
살아 있는 것이 아닌 날

그 힘겨운 삶의 끈을
조용히 놓고 싶어지는 날

지금까지 살아온 내가 아닌
또 다른 내가 되어 보고 싶은
참으로 허전한 날!

미화원 아저씨의 가을

떨어진 낙엽들이
거리마다 소복이 쌓이고 흩날릴 때면
어떤 이들은 마음 시린 가을이라 이야기 하고
또 다른 이들은 쓸쓸하다고 말을 하지요
어둠이 떠나지 않은 새벽 시간에
거리 곳곳을 쓸고 낙엽을 담아가는 동안
나도 많이 아파야 한다는 것을 사람들은 알지 못합니다

정치 위선과 오만
있는 자들의 허영심과 투기
난방보일러를 쉼 없이 돌려대는 도심의 어느 고층 아파트
한 번 쓰고 버려지는 값비싼 물건들이
불필요한 짐으로, 쓰레기로 변할 때면
또 다른 반대편 산기슭 달동네에서는
라면 한 끼에 주린 배를 채우고 떨고 있는
힘겨운 우리네 세상사가 싫었습니다

비틀거리는 취객의 구토한 배설물
공원 벤치에서 새우잠을 자는 노숙자
새벽을 열어가며 제일 먼저 내가 만나야 하는 것은

밤새 토해 놓은 씁쓸한 삶이었습니다

낙엽을 쓸어가 듯
아프고 병든 자들의 고통과 가난으로 얼룩진 삶까지
쓸어 담을 수만 있다면
빗자루가 닳고 닳아도 평생 동안을 쓸고 또 쓸어도
나는 아프지 않겠습니다

후회

아주 오래전
철부지 시절의 풋사랑 이야기가
누군가를 통하여
풍선처럼 부풀어져 들려 올 때
나는
또 한 번 가슴으로 아파야 했다

내게는
추억으로 남기고 싶었던
소중한 그리움들이
너에겐 진심이 되지 못하고
왜 그렇게
부풀린 이야기들로
비수가 되어 내게 다시 돌아왔을까

무심코 던져버린
너의 그 한마디가
또 다른 사람에게는
치유할 수 없는 큰 상처가 된다는 것을
너는 알고 있는 것인지

세월 지났다고
그렇게 쉽게 내뱉어버릴 말이었다면
처음부터 시작도 하지 말지
이제 와 어쩌자고 너는
되돌릴 수 없는 세월 앞에
내 가슴 깊숙이
후회라는 단어를 남기는 것인가

그저 바람이고 싶던 날

참고 참았던 눈물
가슴 저 끝에서부터 차올라
봇물 터지듯 쏟아지는 오늘은
이런저런 삶의 아픔들 모두 벗어 버리고
머물 곳 없는 바람이라도 되어
나도 정처 없이 떠나고 싶다

실개천 굽이굽이
이름 모를 풀꽃들 조용히 웃음 짓고
홀로 피다 사라질
연보랏빛 라일락의 눈물이 고인
인적도 없는 어느 산골에
잠시 쉬어가기도 하며
목적지도 없는 발걸음을 재촉하고 싶다

동행이 없으면 어떠한가
고매하기만 하던 목련
떠나는 길 그리도 서러워
볼 수 없는 몰골로 꽃잎 떨어질 때면
그 아픔 보듬어 주기도 하며

오늘은

이런저런 아픔들 훌훌 털어버리고

바람이라도 되어 어디론가 떠나고 싶다

흔적

몇 날 며칠
바람이 몹시 불고
쉬지도 않고 쏟아지는 장대비
오늘이면 그칠까 기다려보지만
쉬어가는 방법을 잊은 것일까
그칠 줄 모른다

예쁘던
길가의 이름 모를 꽃
빗물에 휩쓸려가고
아파트 창문 난간
베고니아 화분의 형체마저
이제는 알아볼 수가 없다

바람과 비, 천둥과 번개 앞에
모든 것은 다 어디로 사라졌을까
길가의 백일홍 나뭇가지도
이내 부러져 버리고
눈감고도 다닐 수 있을 것 같던
공원 산책길도

어디가 어딘지 알아볼 수가 없다

장대비가 쏟아지고
쉬지 않고 바람이 불어
내 가까이에서
나와 함께였던 모든 것은
모습조차 찾아볼 수 없게 되었는데

정작,
내 마음속에서
씻을 수 없는 것
그것은 당신의 '흔적'이었다

바람이어라

바람이어라
모든 것이 다 바람이어라
사랑도, 인생도
스치고 지나면 그뿐
다 바람이어라

해 질 녘
붉게 물들었던 서녘 빛 노을도
이른 아침
홀로 찾았던 강가의 영롱한 느낌도
모두가 바람이어라

한때는
영원을 약속하며
너 없이 단 하루도 못살겠다며
그 달콤한 말로
나를 유혹하던 사랑이란 말도
모두가 다 바람이어라

가을날
그토록 내 마음을 애틋하게 만들었던

너의 간절한 눈빛도
현악기의 슬픈 선율도
노랗게 물든 은행잎도
이제는 날 부르지 않는데

네가 스치고 지난 자리에
얇게 남아 있던 아픔도
상처가 아물고 나면
살포시 여미어지는
빛나던 그 뽀얀 속살도
모두가 바람이어라

슬프고
허허롭구나
문학이 무엇이고 예술은 또 무엇인가
가슴을 찌르는 고통
수없이 울고 아파해도
시간은 항상 그렇게 가는 것을

모두가 바람일 뿐인 것을…

잔인한 사월

언제 피었는가 싶었는데
어느새 부스스 떨어져
어지러이 바닥에 쌓인 목련꽃

사랑이라 싶어 다가갔는데
그대에게 닿기도 전에
마음이 먼저 아파야 했다

그냥
내 것이 아니려니 생각하며
바라만 보았으면 될 것을
왜
자꾸 다가갔던 것일까

잎을 내기 전에
꽃부터 피워야 하는 목련처럼
사랑을 하기도 전에
마음에 먼저 생채기가 나버린
잔인한 아픔의 사월